लाज़मी है Laazmi Hai

इस कश्मकश से गुज़रना

Varun Suri

BookLeaf Publishing
India | USA | UK

Made with ❤ on the BookLeaf Publishing Platform
www.bookleafpub.in
www.bookleafpub.com

Dedication

इस किताब की हर एक पंक्ति उन सभी लोगों को समर्पित है जो मेरे सुख-दुख , हँसने और रोने के भागीदार है या फिर उनके कारण बने ।

सबसे पहले मेरे माता पिता, भैया भाभी और मेरा भतीजा भतीजी का शुक्रिया उसके बाद हर उस इंसान का शुक्रिया जो मेरी जिंदगी में किसी ना किसी रिश्ते से आकर रुके या चले गए। चाहे वो दोस्त हो, प्रेमिका, प्रतिस्पर्धी या फिर दुश्मन ही क्यों ना हो । यहां तक पहुँचाने के लिए सभी का थोड़ा-थोड़ा हाथ है! थोड़ा कम तो थोड़ा ज्यादा साथ है

सभी का प्यार है । सभी का आभार है
दिल से शुक्रिया ।

वरूण सूरी

Preface

इस किताब को लिखने की केवल एक ही वजह है और वो ये कि मुझे ऐसा एहसास होता है कि हम में से हर एक इंसान कभी ना कभी अपने जीवन की नाव को लेकर, जज़्बात के सागर में ऐसी कशमकश से निकला है बस उसी जज़्बात को मैंने अपने तजुर्बे से मिलाकर, अपनी किताब के माध्यम से अक्षरों के रूप में उतारा है। मेरे लिखे हुए शब्दों में जो जज़्बात है यकीनन आपके दिल में एक हलचल पैदा करके, उथल-पुथल मचाएंगे

Acknowledgements

दिल की गहराइयों से
आप सभी को प्यार

1. बूढ़ी माँ !

जिस के होठों पे है...
लोरियाँ, दुआएँ और संस्कार की बातें
उस पर कैसे मैं , चुप्पी का ताला देखूँ ?
तू ही बता, कैसे उन होंठों को काँपते देखूँ ?

जिस के हाथों में है...
हर मुश्किल का सामना करने का आशीर्वाद
उन पे कैसे मैं दर्द को ठहरा देखू?
तू ही बता , कैसे उन हाथों को थर-थराते देखूँ ?

जिस के आँखों में है...
ख़ुशी, ग़म, फ़िक्र दुनिया भर के लिए
उन पे कैसे मैं गीली पलकों का पेहरा देखूँ ?
तू ही बता , कैसे उन आँखों को कराहते देखूँ ?

जिसके चरणों में है...
चार धाम, हज और जन्नत का सुख
उन पे कैसे मैं तकलीफ का साया देखूँ ?
तू ही बता, कैसे उन चरणों को डगमगाते देखूँ ?

2. दूसरी मोहब्बत

उसकी बातें, उसकी ख्वाहिशें
ऐ दिल तू क्या कर रहा है
फ़िर उसी शक्स से
दूसरी मोहब्बत कर रहा है

अंजाम भूला नहीं
पुराना जख्म सुखा नहीं
क्यों उसकी इबादत कर रहा है
फ़िर उसी शक्स से
दूसरी मोहब्बत कर रहा है

रख कर लबों को सलीखे से
सभी उंगणियों को तरीके से
तब जा कर राग प्रेम का
बाँसुरी से निकल रहा है
ना जाने दिल ये कैसे
दूसरी मोहब्बत कर रहा है

इस शहर के मौसम का है असर
या फिर तेरे साथ का नशा है

गुज़श्ता सा कोई है जज़्बात
जो मुझ में शिरकत कर रहा है
संभालजा दिल फिर से
दूसरी मोहब्बत कर रहा है

3. तेरी भाभी

तुझसे अब कोई, गिला-शिकवा नहीं
बस **इल्तिजा** है ऊपरवाले से!

नैन नक्श, रंग रूप तेरे जैसा
नियत, सीरत चरित्र तेरे जैसा

लेहजा, ढंग , तोर तारिका तेरे जैसा
रवैया, अकड़, सलिखा तेरे जैसा

कसमें -वादे सब करे, तेरे जैसे
निभाए वह , निभाये तूने जैसे

ये दुआ है या बद्दुआ
वक़्त इसका हिसाब लगाए

तू रिश्ते जैसे अब तक , निभाती आई
तेरे घर में ठीक वैसी तेरी भाभी आये

तेरे घर में ठीक वैसी तेरी भाभी आये

4. सफ़र इश्क़ का

देखना...पसंद करना...
चाहना... प्यार करना...
सँवरना ...निखरना...

हिसाब से उसके,....
ढल जाना ,
रूठना...लड़ना...
मना लेना
तड़पना, चीखना, चिल्लाना
फ़िर प्यार की भीख माँगना
पल पल रुसवा होकर रो जाना

उसके इश्क में ये सब पहलू से गुजर चुके हैं
अब ये अंतिम चरण है जिस पर मेरे कदम हैं

लाज़मी है वो करना जो सबसे कठिन है
उस शख़्स को भूलना जो नामुमकिन है

5. चाँद पूरा

आज चांद पूरा है
उसकी याद ने फिर घूरा है
विश्वास , यकीन , उसके वादे की तरह
मेरा जीवन भी अधूरा है

समंदर की लहरें
आसमां के तारे
पत्थर जो पड़े है
सागर किनारे
गवाही देंगे सब , की बिन तेरे,
ये शक्स बिल्कुल अधूरा है

आज चांद पूरा है
उसकी याद ने फिर घूरा है
विश्वास , यकीन , उसके वादे की तरह
मेरा जीवन भी अधूरा है

6. क्या किया जाए

कसूर हमारा बता कर,
खुद वादे से मुकर गए वो
हम से पूछो इस दर्द के साथ
कैसे जिया जाए ?

छोड़ दिया साथ
जो बीच राह में तो
अब आगे का सफर,
तय कैसे किया जाए

पहले, मुकम्मल उनकी
दुनिया तुमसे हुई
फ़िर कमियाँ हज़ार,
शिकायतें बेशुमार
कोई तुम्हारी बताए
तब क्या किया जाए

अगर यकीन है
मुस्कुराहट लौट आएगी तुम्हारी
तो बेहतर यही है की

एक दूसरे से किनारा किया जाए

जाते जाते बस
ये पूछना था तुमसे अब,
साथ ली गईं
तस्वीरों का
क्या किया जाए

7. हुनरबाज़

1. वो शक्स सबसे पहले
आपको अपनी समस्या बतायेगा
2. फ़िर उसके बाद
आपको अपना जज़्बात समझाएगा
3. थोड़े समय बाद
आपको अपना प्यार
4. फिर एक दिन
आपके लिए अपनी फ़िक्र बताएगा
5. और अचानक
आपकी चीज़ पे हक जमायेगा
6. थोड़े दिन बाद
आप मैं खामिया बतायेगा
7. देखते ही देखते
किसी और को अच्छा और तुम्हें नीचा
8. फिर किसी दिन
आपको छोड़ कर कोई और का हो जाएगा
9. और अंत में
यही चक्र फिर से किसी और के साथ दौरहायेगा

8. शायरी

सारी तालीम बे-असर कर गई
फ़लसफ़ी को खाक-सर कर गई
दैर-ओ-हरम, मयकशी जो न कर पाई
वो ज़ुल्फो से झाँकती, एक नज़र कर गई

उस शक्स में, एक कमाल की अदा है,
झूठा है, फिर भी उसपर दिल फ़िदा है
सिर्फ बेवफा ही नहीं, वो फरेबी भी है,
बिछड़ कर मरने की बात करता था, पर अभी भी जिंदा है

वो जिसने ये क़िस्मत और उल्फत बनाई है
यकीन मानो उसी ने सबकी जोड़ी बनाई है
मिलना , बिछड़ना और फिर से मिल जाना
इस दुनिया के परे भी, उसने एक दुनिया बनाई है

परेशान रहता है, समझना नहीं चाहता,
इस रिश्ते की डोर की अहमियत नहीं पहचानता,
ताक़ में बैठे हैं मन्नत के लिए सभी, होती है कितनी
तकलीफ टूटने में तारे को, ये कोई नहीं जानता।

9. दिल कर रहा है

तेरा दिया हुआ गम, फीका
लोगों की तालियों का
शोर बढ़ रहा है
आज कुछ नया लिखने को
दिल कर रहा है

जिसमें तू है बसी वो हिस्सा
भीतर-भीतर मुझसे
अब नहीं लड़ रहा है
आज कुछ नया लिखने को
दिल कर रहा है

बीता हुआ है जो एक किस्सा
उपलब्धिओ के आगे
अब नहीं अड़ रहा है
आज कुछ नया लिखने को
दिल कर रहा है

10. शायरी फिर से

हर मज़ार, गुरुद्वारे पर उसके साथ फूल चढ़ाये हैं
अपने से भी कहीं ज्यादा उसके उसूल निभाए हैं
नाम, प्यार, रूह, जान, वफ़ा सब कुछ देकर भी,
बेवफाई, बेइज्जती, तन्हाई ये तीन शूल खाए हैं

—————————————————

जिनको नींद आ जाती है
उनको ख्वाब मुबारक,
हमारा तो जब-जब विश्वास टूटा
हम तो तमाम रात जागे हैं

——————————————————-

अभी अभी आंखें बंद की,
तो तुम दिखे हो।
है कोई इस से आसान राह तुमसे मुलाकात करने की तो बता

11. गीत

जो तूने तेरी बाहें खोल दी
फ़िज़ा की प्यास ही बुझ गई
बेबस चाँद सितारे चल दिये
बेफिक्री में

नज़रे जो तुझसे मिल गई
जिस्म से जैसे रूह गई
बेबस चांद सितारे चल दिये
बेफिक्री में

जिस तरफ़ हाँ तू गई
उस तरफ़ मेरी राहें मुड़ गयीं
मुड़ गई मेरी चाहतें
जिस तरफ़ हाँ तू गई

संदली सा अंग अंग है
पंखुड़ी से ये लब है
मुस्कुराता तुझे देखा आज
पा लिया मैंने रब है

हवा में जो चमक रहा है
ये तेरा नूर बरस रहा है
मुझमे तू झलक रहा है
तू बनके दिल धड़क रहा है

जिस तरफ़ हाँ तू गई
उस तरफ़ मेरी राहें मुड़ गयीं
मुड़ गई मेरी चाहतें
जिस तरफ़ हाँ तू गई

12. सोचिए ज़रूर

रकीब का मतलब पता है ?
रकीब का मतलब होता है जब एक इंसान को दो अलग लोग प्यार करते हैं, तो उन दो लोगों के बीच रकीब का रिश्ता होता है!

ऊपरवाले ने हर इंसान को बहुत प्यार से बनाया है और जब भी किसी को तुम प्यार करने लगते हो तो तुम्हारा और ऊपरवाले का रिश्ता रकीब का हो जाता है
अब अगर तुम्हारा प्यार , भगवान के प्यार से ज्यादा होता है तो वो इंसान तुम्हारा हो जाता है पर....
ऊपरवाला जब तुमसे ज्यादा प्यार उसको करने लग जाता है तो उसे अपने पास बुला लेता है - तभी कहते हैं कि “वो भगवान को प्यारा हो गया “

इसलिए जिस से प्यार करते हो उसको बे-इंतेहा, बे-वजह, बे-तहाशा प्यार करते रहो ताकि तुम और वो इंसान हमेशा साथ रह सके

जब मैं छोटा था तो एक बार टीचर ने मुझे मार्क्स कम दे दिए थे! तो मेरी मम्मी स्कूल गई और टीचर से बात करके मेरे नंबर ठीक करवाएं

मैं जितनी मेहनत कर रहा हूं इस जीवन में उतनी कामयाब नहीं मिल रही तो मुझे ऐसा महसूस होता है कि अब मेरी मां भगवान के पास चली गई ताकि भगवान से बात करके मुझे मेहनत जितनी कामयाब दिलवा सके !

13. मट्टी के लिए

चुप्पी सिर्फ कमजोरी नहीं ताक़त हो भी सकती है
ज़ेहन में जो राज है ज़ुबान वो बोल भी सकती है
जो खामोश हैं हम तो खामोश रहने दो वरना
अहंकार की ये तुम्हारी आखिरी रात हो भी सकती है

मैं अपने देश का हाल लिख रहा हूँ।
मानसिक तरंगों से बुनता ख्याल लिख रहा हूँ।
केसरिया, सफ़ेद और हरे रंग से बनता है जो ध्वज,..
उसके बारे में, कोरे पन्ने पे, स्याही लाल लिख रहा हूँ

14. सिमट रहा है

बर्फ के रुये रुये सा
वक़्त पिघल रहा है
मैं तुझ में
तू मुझ में
सिमट रहा है
शबनम के कतरा कतरा सी
झुलसती रहीं सब ख्वाहिशें
जगी है उम्मीद अब जुगनुओं सी
अँधेरे में आहिस्ते
औस की हर रोम सा
फूलों पे मिल रहा है

मैं तुझ में
तू मुझ में
सिमट रहा है

सूखी शाख़ की सतह पे
टूटे पत्ते की कहानी है
हथेली पर तेरे काला तिल
मेरे वादे की निशानी है

फ़िज़ा में रेशम सा
एहसास घुल रहा है

मैं तुझ में
तू मुझ में
सिमट रहा है

15. परिंदा

देखने में है ये नन्हा सा
परिंदा है मगर
शान से उड़ता है ऐसे
जानता है हर डगर
आँख में सपना है इसके
छूना चाहता है अंबर
जानता है ये नहीं
कैसे कटेगा ये सफर
ताक में बैठे हैं कितने
काटने को इसके पर
मन अगर विचलित हुआ तो
सोच को काबू में कर
नित नया हौसला बढ़ा ले
नित नया ये फैसला कर
गर तुझे काबिल है बनना
तो भंवर को पार कर
दम है जब तक बाजुओं में
धरती गगन तू एक कर
चीर कर ही आँधियों को
सीख जायेगा हुनर

हाँ तेरी ही जीत होनी
ज़ोर से तू वार कर
प्राण में थल थल मचेगी
आएगी मंजिल नज़र
गुनगुनाएगा जमाना तेरे ही
सुर ताल पर
मर मिटेगा हर दीवाना
तेरे इस अंदाज़ पर

16. आ गया

जो मिलते रहने के लिए कर रहा था
रोने का छलावा मुद्दतों से
बिछड़ के उनके चेहरे पर नूर आ गया ।

जो साथ रहने के लिए कर रहा था
लड़ने की बात ज़माने भर से
अब गुफ़्तगू तक के लिए , वक़्त मजबूर आ गया

मुहब्बत में एक का दिल और दूसरे की धड़कन एक होती है
यह फ़ासले बता रहे है कि
हम दोनों के बीच में तीसरा ज़रूर आ गया

जिनके लिए रखी थी
ठोकर पर हमने दुनिया सारी
उन्हें चन्द सिक्कों की खनक का सुरूर आ गया

हाँ । मैं ही तो हूँ वो जिसने थामा था
तेरे बूरे वक़्त में हाथ तेरा
मुझे ही बरबाद करने का कैसे , ज़हन में तेरे फ़ितूर आ गया

17. अनुभव अपना

रूह निचोड़ी गई है
तो ग़ज़ल का यह शेर बन के आया है
और वो कहते हैं, वाह वरूण
तूने क्या रूहानी हुनर पाया है

हर तसवीर से कई यादें जुड़ी होती हैं..
कह देनी चाहिए जो बातें जरूरी होती हैं...
"सूरी" संभल जा जानेवाला दूर ना गया होगा... आवाज दे, रोक ले..
बार-बार दर्द छुपाने की आदतें बुरी होती हैं

पल-पल जीते-जीते इसको कई, बरस किया है
जितना दिया इसने, उससे ज्यादा, इसने लिया है
देखने वाले तो अनुमान भी नहीं लगा सकते, है भीतर से
मारा खुद को, तब जा कर दूसरा क़िरदार जिया है

18. आएगा क्या?

ये जो वक़्त बीता है जुदाई में
ये सब था रायगा क्या ?

दिल मंज़ूरी जो ना दे तो ख़ुशी,
इंसान उस तरफ़ , पायेगा क्या?

वो जो मन बना चूका है अलग होने का,
मेरे बुलाने पे आएगा क्या?

नफ़रतें, साज़िशें, बेवफ़ायी, तौहमतें
ऐसी महफिल में कोई जाएगा क्या?

क्या कहा वफ़ा खोज रहे हो इश्क में
बस कर पगले, अब रुलाएगा क्या?

19. अशार

वो दूसरे की खामोशी सुनने तक का दावा करते हैं
जो मेरे अल्फ़ाज़ तक नहीं समझ पाए

सीने से दिल निकाल के फेंक देगा मेरा
ये जिसने मेरे सीने को सिरहाना बनाया हुआ है

तेरे जिस्म से प्यार करता हूँ साफ़ मुँह पर कहता हूँ
तेरी रूह से प्यार करूँ ,यमराज थोड़ी ना हूँ

कोई साथ नहीं देता दुनिया में , जिंदगी भर के लिए
बेवफ़ाई में मिले गम ने, झूठ-ला दी ये बात जमाने की !

हवाओं के माध्यम से यह ख़बर आई है
वो जो नहीं आने वाला था ना, उसकी ख़ुशबू आई है

20. ज़हरीली है

ना ऐरी ना गैरी है
बात ये मेरी केड़ी है
रात काली गहरी से भी
आँखें तेरी गहरी है
सुनले दिल की धड़कन मेरी
तुझसे जो ये कह री है
Chin ये तेरी ऐसी
आम की कच्ची कैरी है
जोड़ी तेरी मेरी जैसी
टॉम के संग में जेरी है
कती जहरीली है
कती जहरीली है

सुनले दिल की धड़कन मेरी
तुझसे जो ये कह री है
Smile ये तेरी इक दम killer
दिल पे चलती आरी (कुल्हाड़ी) है
भयंकर से भी और भयंकर
Swag के JAB (इंजेक्शन) ये जारी है
खुद को भी ना रोक सकूँ मैं

इतने पास क्यों आ रही है
देख के जलवे तेरे, मेरी
साँसें बढ़ती जा रही हैं

हाय
कती जहरीली है
कती जहरीली है

Sine Wave की भांति (समान) तेरी
कमर मटक-ती जाती है
पहले से ही सटकेला हूँ
और सटकती जाती है
रानी प्यासी बनके तू हर
Peg घटक-ती जाती है
बूँद पसीने की चेहरे से
टप टपकती जाती है

ओए होय
कती जहरीली है
कती जहरीली है

21. इश्क़बानी

आसमां हूं मैं और तू पानी
रूह में घुल गई है इश्कबानी
दुनिया की अब मुझे परवा ही नहीं
तेरी मोहब्बत की है..मेहरबानी
इश्कबानी है ये
जावेदानी है ये
जावेदानी है ये इश्कबानी

तुझमे घुल गया पिघल गया मैं
भीगी पलकें हैं इसकी निशानी
लम्हा वो जब तू मुझको मिली थी
हुई मुकम्मल इक्क दुआ पुरानी
कहते हैं क़िस्मत से बनती है
प्यार से बन गई है ये कहानी
इश्कबानी है ये
जावेदानी है ये
जावेदानी है ये इश्कबानी

मुझमें सिमटी हुई है तू ऐसे
बादल में जैसे, बिजली सी रवानी

अदाएं जिस पे तस्सदुक कर दूँ मैं
ग़ज़लें जितनी भी हैं सब रूहानी
तेरे होने से जन्नत लगती है
बिन तेरे रायगाँ है जिंदगानी

इश्कबानी है ये
जावेदानी है ये
जावेदानी है ये इश्कबानी

www.ingramcontent.com/pod-product-compliance
Lightning Source LLC
Chambersburg PA
CBHW070653240926
51846CB00003BA/891
9789375270249